AF607176
AVERSO

UN SER CERCANO

Silvia Abad Montoliú

Número 53 de la Colección **AVERSO POESÍA**

Un ser cercano

Edición al cuidado de Averso Poesía
www.aversopoesia.com

Primera edición: noviembre de 2025
ISBN: 979-13-990991-2-6
Depósito Legal: GR 1667-2025

Impreso en España - *Printed in Spain*

El papel utilizado para la impresión de este libro está calificado como papel ecológico y procede de bosques gestionados de manera sostenible.

UN SER CERCANO

Silvia Abad Montoliú

Premio de Poesía Joven Victoriano Crémer 2025

El jurado del
I Premio de Poesía Joven Victoriano Crémer,
presidido por Elena Aguado Cabezas (concejala
de Acción y Promoción Cultural del Ayuntamiento
de León) y compuesto por Antonio Colinas, Eloísa
Otero, Juan Matas Caballero, Antonio Manilla,
Víctor M. Díez, Pablo Quintela y Eladia Guerrero,
como secretaria, otorgó el premio al libro de
Silvia Abad Montoliú, *Un ser cercano*.

UN SER CERCANO

La gota baja del ojo quieto
a la boca torpe, a la barbilla alzada;
de la cara al pecho, al hueco de sus manos,
a la ausencia de ya nada.

Nuestro idioma fue de juguete;
todo lo dicho fue garabato.

Una casa sitiada
entre las plantas mágicas,
flores de amarre u olvido.

La mujer avanza entre la negrura
como un felino; en las manos,
dos velas prendidas.

Dice algo que no se escucha.
Se guarda el secreto en el labio,
aprieta y traga.

Juega el juego, animal difícil.
Abre la caja, animal complejo.

Muerde la manzana, ármate,
compra cuadros; ámame
en esta juventud que aún tengo.

Agotada la palabra «ausencia»
ya sólo queda una valentía amarga.

Que la idea lo devore todo.
Que devore mi carne y la del hombre
que amo; que le cambie, si hace falta.

Amaré lo que ella diga. Pariré lo que ella quiera:
una vida o ninguna, una muerte si lo pide.
Que devore nuestros hijos aún morados,
las entrañas que se me escapan en el grito.

Es así como debemos morir: aplastados
bajo los dientes amorosos de la idea.

Comeré de lo que caces,
mantendré mi pelaje brillante
y mis pechos llenos.

Tendremos hijos, un techo
que cruja cuando los vecinos
despierten temprano.

Y la palabra será débil:
un viento fresco entrará
por las ventanas del cuerpo
a decirlo todo.

Quisiera olvidar tu nombre, amiga.
Tu nombre que repetí sabiéndolo prohibido,
como un niño travieso, embarrado,
escondido tras las cortinas del secreto.

Los niños perseguían a los zorros;
la sorpresa se nos salía fluorescente
de la boca.

En el aeropuerto de madrugada
quisiera olvidar tu nombre,
entregar la memoria y la vida.

No volverá. No te despertará ya más
el golpe de su brazo dormido
contra las paredes.

La luz del portal no será ya él que llega,
sino el vecino de enfrente que fuma,
el ruso de abajo que trae otra vez juerga.

Aunque tu cuerpo aúlle
de madrugada a la orilla de un río;
aunque digas su nombre
un número mágico de veces.

Véngame; vénganos.
Todo lo malo te lo han hecho ellos,
sus manos huesudas de oro.

Venga a la mujer, a la niña;
la culpa es un cachorro
que muerde el pelo del que descansa.

Pureza blanca, tu puño firme; blanca tela
cubre el lecho encarnado de la ira.

No recuerdo qué dijo mi madre,
sólo recuerdo que lloraba.

Dos pájaros torpes me cubrieron de flores
en el patio aquella mañana.

Alcé la cara, esperé la cría muerta
que saciaría mi presagio.

La policía no fue a mi casa,
no vio nuestras fotos en la estantería
ni la ropa sucia que aún me espera.
No se cruzaron a mi familia en la escalera
ni respondieron a las preguntas de las vecinas.

Una parvada de gaviotas
sobrevuela la cárcel toda la noche
para cazar las ratas. Nada vivo
cabe por estas verjas.

No confío en el verbo
ni en la caligrafía que la carne inventa
para no decir «muerte».

La verdad no alimenta, no ama
lo que nada sacrifica.

Le ofrecí mis crías, mi palabra;
le dije a la idea: «Come si lo deseas,
pues tu amor precisa sacrificio».

Indulgente, la idea tejió un manto de oro;
me trajo hombres de piedra, manos amables
para construir una guarida.

Le di un nombre, un idioma;
la historia de un país que aún no conozco
se le dibujó en la cara de niño.

Quise coserle contigo una piel de oro,
encontrar en mi carne carne tierna
para envolverle.

Arranca de mí su imagen alegre,
deja que la idea lo aleje de nosotros.

Un petirrojo acepta el pan duro
que le ofrezco entre los barrotes.

La carcelera me observa por la mirilla
como a un pececillo naranja.

Tu cuerpo dijo «vida»,
mi carne decía «entrega».

A veces se confunden, ambas crías;
no reclaman sin embargo la teta
con la misma fuerza.

Lecho húmedo que me acoge en el bosque,
tu ojo rebelde sobre mi pupila arrullado.

Hablas con los niños del campamento
una lengua que no conozco;
me buscas entre la maleza
hasta que el deber nos llama.

Vendrás a celebrar nuestra victoria,
tierno y sosegado; tu boca aún extranjera
vendrá a retener mi palabra con su sello.

Cuidar del fantasma que vive
entre tu mano y la mía,
convertirlo en un niño.

Ser madre, mujer, soldado,
que mis órganos se te ofrezcan
y fabriquen una cría pálida.

Que la carne sea victoria
y dejemos juntos los tres rastro.

No coserán para mí estas mujeres
un manto blanco de encajes y flores,
pues aún mi carne sabe amarga,
porque aún recuerdo amar a otro.

Se quedará mi casa vacía,
las paredes sucias desnudas.
Mis animales volverán a ser salvajes
y mi cuerpo que ha sido amado
será ahora sólo un cuerpo.

Serás hermoso al lado de otra;
como una cría enferma mi amor
temblará hasta secarse.

Recorríamos el bosque temprano en la mañana.
Apartados de los otros me dijiste «te espero»
y me pareció oír las risas de los niños
jugando a lo lejos en el claro.

Al volver a casa, también yo esperé;
de vez en cuando un zorro
se cruzaba en tu ausencia.

Era casi sagrado;
había que agarrarlo con firmeza
y ternura como a un ave.

Otros vendrán con una máscara de ti;
yo devendré un garabato de lo que amas.

Ahora mis ojos reflejan un ciervo;
por la noche camino a solas
entre los contenedores que arden.

Se hablan cosas serias a la mesa,
se canta a coro el presagio;
una fiera aguarda mansa sobre su frente,
entre los ojos decididos.

Todos los cuerpos que te han tocado antes
eran su cuerpo que se desvanece,
su cuerpo-zorro atravesando
un sendero en la memoria.

Ahora silencio, carne;
como una madre la palabra
ruega mesura.

Las ratas nos salían al paso
al llegar al barrio.

Las madres sentadas en la tierra
vigilaban a los niños más pequeños
y por el precio de un gorrión muerto,
los mayores se compraban chucherías
en la tienda de ultramarinos a unas pocas calles.

Los conocíamos a todos;
algunos nos mandaron cartas y dibujos a la cárcel.
Al volver, había un parque nuevo
y todo el mundo estaba eufórico.

Nos brotó una idea de repente.
En medio de la carne, de repente,
una brecha que todo el tiempo escuece,
que no cierra, que lo engulle todo.

Las moscas nos mordían las piernas
al borde del río;
era de noche y era verano.

Las manos de la idea
cubrieron pudorosas
el deseo y su algarada naciendo.

Cuatro papelitos llevo:
el primero es un sitio;
el segundo, mi identidad;
el tercero es un secreto y es pequeño
para poder ser tragado;
el cuarto es afilado si se canta.

Cuatro papelitos: una identidad,
un destino, un canto, un alimento.
Cuatro papelitos y los compañeros
dormidos soñando el mismo viaje.

Vuelve a las casas de los extraños,
a las mañanas de café soluble
y mercado en la plaza.

La marca de tu frente
es ahora símbolo de gracia:
quien la besa, quiere quedarse.

Escribirás algunos poemas,
amarás también tú, aunque no por siempre.
Te llevarás de la mano sin piedad
a través de tu relato.

No sé quién es la madre y quién la cría;
entró en mí la palabra para que yo la pariera.

Antes de ella, mi boca era una orilla
donde se atoraba la memoria náufraga.

También yo zozobraba:
los peces de lo indecible
subían de las profundidades
a besar mis piernas.

Muerde mis dedos para que nunca le olvide;
yo susurro lo indecible a su mejilla que tiembla,
con la boca ácida me besa él los ojos.

Sentados en el tejado,
la ciudad se acerca a la cara
un girasol que arde.

A escondidas en los pliegues del poema,
mentiré a los que vengan preguntando.

No hay palabra que espere
en mi lugar a que tú vuelvas.

No subisteis al tejado de su séptimo piso
ni cogisteis el coche para ir al mar en ese estado;
no salisteis temprano, tú en lencería y él en pijama de seda
al ayuntamiento a casaros, no cedió a tu súplica
y no se expandió en tu cuerpo.

Terminada la caza, chupáis los huesos
de un animal que os reconoce;
aún escuece su mordida arrebatada.

Desaparece, ya no seas;
es insoportable que existas,
me quieras y yo me dé cuenta.

Cuando ríes, mil burbujas
vienen a explotar a la superficie;
si te enterneces me acobardo
y he de sujetar mis pájaros con fuerza.

No seas más, es intolerable:
en torno a ti, cientos de niños
corren felices y descalzos.

Tus palabras son medusas
que flotan silenciosas
alrededor de mi carne.

Algún día les daré caza;
calmarán mi hambre,
será mi verbo nativo de tu ternura.

Es mi carne un instrumento
que se toca: su mano
toda cosa aviva y florece.

En su boca hay un camino
que no puede deshacerse:
dice mi nombre y mi amor acude.

Todo un día cargué a tu hijo,
de la mañana a la mañana;
tu ausencia y lo indecible
deshacían mi contorno.

Te esperé todo el día:
en el mercado, en el trabajo,
en el Alma aun estando con otro;
te esperé como se espera la vuelta
de los poemas que se olvidan.

Venías a verme a mi casa;
hacíamos un amor dulcísimo,
crujiente en el centro.

Tumbados en la página blanca,
dentro del círculo; el límite de las cosas
les susurra verbos tiernos.

Ningún dato notable obtenido
durante la sesión observada.
Boxean; criptografía de carne.

La línea vocea; quiere calmar
un hambre que no se nombra.
Ningún dato notable obtenido
desde el interior del círculo.

Si un día fueras menos vacilante,
un poco más valiente;
si de repente un día me amas.

Aquí tienes mi regazo vacío:
descansa, hombre, tras un día largo;
dame a nuestro hijo, quiero cantarle.

Ya has probado todas las cremas
de rostro y cuerpo,
todos los principios activos,
las colonias baratas y las copias de los perfumes caros.
Ya has probado los platos orientales, magrebíes y americanos
y los hombres y mujeres de quince países del mundo.
Has hecho el amor doscientas veces
más o menos.
¿Qué vas a hacer ahora?
Has amado a viejos, a jóvenes,
a sádicos y a hombres buenos.
Ya has escuchado toda la música
que te gusta y la que no soportas.
Has viajado un poco,
has estado en la cárcel,
has encendido algunos fuegos,
escrito algunos libros.
¿Y ahora qué toca?
¿Dejar la carrera y migrar?
¿Limpiar los baños públicos de Lyon?
¿Enseñar a andar a un crío?
¿Bailar sobre charcos de cerveza?
¿Ser elegante, femenina, vulgar y sucia?
Todo eso ya lo has hecho.
¿Qué te queda?
Parece que lo estuvieras contando todo,
como si te diese miedo el vacío
de las conversaciones.

La más pequeña pasa lista: el perro,
el gallo de pelea, el gorrión, un gato.

Se aleja entre la chatarra
todavía enumerando;
distraída, casi se cae del poema.

Me das de comer con los dedos
la pasta de almendras que tus padres
te traen de Túnez.

Tus amigos gritan; alguien sale
con una maleta. Oscuro.

En la habitación, arrebatados,
me hablas de la primera mañana
(llegué más de tres horas tarde al trabajo;
desayunaste solo en el bar de abajo
en lugar de irte a tu casa).

Cada ruido tras la puerta
nace siendo tú que vuelves,
tú que ruegas, tú que amas.

El dolor en guardia:
va a tu encuentro
a en punto a cada hora.

Como una víbora el olvido
calcula cuando duermes
si podrá engullirte.

Tu amor ruega mesura,
palabras templadas
y uñas limpias.

¿Cómo podría yo amar
este amor tuyo tan ligero?

Si para mí este amor
es una barricada de fuego
en el camino, el aliento
de un caballo salvaje que agoniza.

Que me encierren en esta casa,
que se vengan abajo los muros
y esté yo dentro. Respetaré el límite.

Que me condenen a despertar
en mi cama, que era nuestra;
a las noches blancas, a lo lejos
los trenes.

El policía dice: «Vaya, vaya,
con la poeta». Sonrío
y guardo silencio.

La idea y la palabra irán primero;
soltaré tu mano para aplaudir a los músicos.

Cuando vengas a verme,
cubriré mi amor con un trapo viejo;
ahogará sus quejidos la tela áspera.

Nuestros hijos crecerán
pálidos y mudos. Pondré
mi ternura lejos de vosotros.

Viajo sola. Nadie ama;
ni los niños ni los animales,
ni los dueños ni los obreros.

Sólo quedan carne y palabra:
imaginar que se engulle a un otro.

Nadie ama. Ni siquiera
el hombre al que amo.
Ni siquiera yo.

Un *old fashioned* en la mesilla;
un verso aún en las yemas.
Nos salía de la boca un agua sucia
que inundó todo el barrio.

Al amanecer los vecinos
llamaron a la gendarmería
y el sol nos mordía los ojos
como una abeja asustada.

No vendrás esta noche.
Toda cosa maternal en mi cuerpo
te busca, todo órgano henchido.

En mis brazos la espera
tiene rostro de niño.

Su amor no ha venido;
espera y escribe desnuda
sobre una mujer que escribe y espera.

Una mujer que abraza a los niños,
que frota la bañera, rasca las juntas.
Va al cine sola. Una mujer sin carrera.

Una mujer joven-adulto,
una mujer ácido hialurónico,
cerca de los treinta.

Se pueden decir cosas horribles
en un poema.

Que mis amigos son para mí
como una casa vacía
aunque lleve sus regalos, sus cartas,
los libros que han escrito
en los bolsillos.

Que he escondido la herida;
que he abierto la herida y la he entregado
a cualquiera. Que se me ha ido el momento,
que no tendré a mis hijos.

Que un amor que deambula es el precio
a pagar por la palabra
y los días en mi celda ya no son hazaña
sino secreto.

Mi amor, me fabricaste
un doble eufórico.

Recuerdo tus cuadros estúpidos,
tu perro en custodia compartida,
el tatuaje tonto en el cuello.

No me iré nunca
de aquella noche blanca.

No te irás nunca
de esta noche blanca.

Quieres decirlo todo:
que tu boca está roja,
tu carne henchida
y has amado.

No verás el mundo, no dejarás
esta ciudad nunca.

Juré arañar las paredes de mi celda,
enseñar a boxear a las presas,
hacer amigas.

Escribí algunos poemas;
escuché muchas historias.

Recibí tus flores ya muertas;
era por la tarde y en el patio
había estopa.

No me iré nunca
de su idioma.

Besa la herida y quiere quedarse;
boca blanda, palabra de oro.

Llegó una noche blanca.
Diez gigantes asediaban mi casa.

Los pies mojados, la hierba alta;
calladas la una tras la otra
avanzamos y es de noche.

Me pregunto si también yo tendré miedo
del verbo que osa, del golpe en la mesa,
de llevar el regazo abierto.

Temo a la araña plateada
que ya excava para dejar
tu cráneo. Temo al fuego.

Dejaré salir a los animales,
que cacen por sí solos;
en esta casa sólo se oirán
mis pasos cautelosos que vagan.

Al volver, la casa apestaba:
la vergüenza es un animal
que orina sobre toda cosa.

Y en el suelo de mi cuarto,
mi gata había vomitado
unas flores mías
que se había comido en secreto.

A veces la memoria, me dices,
es como un perro enrabiado,
pero la palabra tiene la mandíbula
más robusta.

He enjaulado tu traición,
por siempre ahora desnuda y seca,
enterrada entre las flores
de un amor sincero.

Por siempre presa a pesar de los estragos
de las mudanzas, aunque estos niños
que nunca sabrán de tu existencia
al jugar rompan el tarro.

El poema es un embrujo:
que en tus días no recibas
más que la mitad de mi amor
y la mitad de mi pena.

Alberga una bandada en calma;
salvaje criatura deambula, mira
dentro de los pisos bajos
y nada allí se le parece.

La criatura, sin embargo,
se otorga el derecho al poema,
al punk y a los ciclos de cine gay
del centro de cultura.

Dibuja un mapa para el hombre que ama,
un plano del refugio donde a solas
alumbró una gran vergüenza.

La ciudad se acerca un fuego a la cara
y los estorninos se retuercen
profesionalmente en el viento espeso.

Había soñado que algo malo nos pasaba
a la hora del café y que mi gata
devoraba pegas a tu lado en la cosecha.

Al volver del sueño,
me siento a fumar en el garaje inundado
y descubro el avispero.

Aquel día, enterramos
un animal muerto que encontramos
y más tarde nos evacuaron
porque alguien sacó una pistola.

Sobre tu mejilla húmeda, la palabra velada,
tu ojo insaciable que busca engullir mi verbo.

Me diste la mano como hacen los otros;
un pichón de lavandera vino a susurrarnos
todos los secretos de su estirpe.

A solas con esta carne nueva
que el cristal me entrega,
con este amor límpido
que tus manos me devuelven.

Los símbolos desfilan alegres
sin que yo pueda tomarlos;
ahora soy lo más cercano
que conozco a un enemigo.

La luz amarilla atraviesa
el viejo bote de mermelada
lleno de flores salvajes y agua tibia
del que bebes a sorbos.

Sostiene en el yeso tu sombra
de personaje venido de otro tiempo;
acaricia las zarpas de tu gato muerto,
aún nítidas sobre las toallas.

En el patio, veo extinguirse la luz
en tu casa; sollozas en la lengua del mundo
con acento extranjero.

Cuando tú naciste, él ya escarbaba
en la tierra del poema; se le castigaba
atado a los bancos de la parroquia
con la ropa embarrada
o al puente del pueblo
si había tormenta.

Naciste y él ya amaba;
hundía animales en el río
hasta que la bolsa dejaba de moverse;
ya temía los truenos.

Alguien aplaude a lo lejos
para romper el hechizo;
una gaviota engulle
los restos de la mesa vecina.

Tu amor está mordido
y lleno de baba; no lo quiero.

La ciudad se acerca a la cara
un girasol que arde; tú eres
Ícaro que regresa vencido,
cubierto de heces y plumas.

Aquel año, quince borrachos que gritaban
hacían oficio de campana; allí donde estaba,
teníamos campanas, pero no campanadas,
y yo era la única que comía uvas en Nochevieja.

Después tiramos fuegos de artificio en la plaza
y se prendieron fuego un par de papeleras;
los vecinos nos miraban desde los balcones,
airados, con los gorritos de fiesta aún puestos.

Al despertar del encanto,
las flores en mi puño
resultaron ser agujas.

No soy ya nativa
de la lengua de mi madre;
nunca fui como vosotros,
aunque nos quisimos.

Estoy asustada,
más vieja y más sola.

Los espejos de feria
no siempre son graciosos.

Al final de tus piernas,
hay patas de gran felino;
llevas la presa aún viva
entre los dientes.

En la sala vecina, el actor
grita siempre el mismo grito.

Tus manos golpean
el rostro dulce de los adolescentes
y la cara dura de los policías
de civil en la escuela de boxeo.

Acarician la mejilla de mi madre,
que con sus manos tejió
mi traje de viva.

Tus manos conocen la ternura
que calmará el llanto de mis hijos,
el peso muerto de los animales
que hoy duermen en mi regazo.

Tus dedos en mi boca
buscan la palabra exacta.

Todavía oigo a lo lejos tu tarareo,
nuestro lenguaje que inunda
el sótano de los juzgados.

El preso de enfrente aún grita;
el clavo que escondió para hacer un filo
sigue atascado en su garganta.

Salvo tu canto, todo es ajeno.
No me iré nunca de tu canto.

Para matar un gorrión,
se golpea una cazuela
para que la criatura vuele
hasta el agotamiento.

Lo leímos en uno de los libros
que las carceleras quisieron darnos;
después, se lo contamos por escrito
a tu hija, que ya no era tu hija.

A las cinco, casi cada día,
sacudían las porras
contra las verjas
para el registro.

Señala las cosas con el dedo,
después las nombra
como puede.

El extranjero
es un poeta.

No hay lugar donde la carne
no me haya llevado.

Toda cosa enternece
bajo mi diente hambriento.

ÍNDICE

Este libro se terminó de editar en Granada
en noviembre de 2025 por

www.aversopoesia.com
hola@aversopoesia.com